\\ 基礎からはじめてアレンジ上手になる！ //

Hair Arrange Lesson Book

[ヘアアレンジ レッスンブック]

Kazuya Mizoguchi

INTRODUCTION

ヘアアレンジ上手になるコツは楽しむこと！

「可愛いヘアアレンジをしてみたい！」と思っても、
難しそうだから、不器用だからとあきらめたことはありませんか？
誰でも最初からうまくできるわけではありません。

本書は、最初にヘアアレンジの基礎を学んで、
少しずつ応用編へとステップアップできるように構成されています。
できるだけわかりやすくと、シンプルな解説を心がけました。

まずは、簡単なアレンジからはじめてみてください。
ひとつアレンジが上手にできるようになると自信がついて、
もっといろんなアレンジにトライしてみたいという気持ちになるはず。
毎日がキラキラと輝いて、どんどん楽しくなっていきますように。

CONTENTS

BASIC TECHNIQUE LESSON
～まずはここから　基本テクニック～

ヘアアレンジグッズ		6
パーツ用語		7
pt.1	ピンのとめかた	8
pt.2	ゴムのかくしかた	9
pt.3	ニュアンス波巻き	10
pt.4	ニュアンスほぐし　ポニーテール ver.	12
pt.5	ニュアンスほぐし　三つ編み ver.	13

BASIC HAIR ARRANGE LESSON
～覚えておきたい　基本ヘアアレンジ～

pt.1	くるりんぱ	16
pt.2	三つ編み	18
pt.3	フィッシュボーン	20
pt.4	ロープ編み	22
pt.5	編み込み	24
pt.6	ゆるポニー	26

BANG ARRANGE LESSON
～印象が変わる　前髪アレンジ～

pt.1	サイド流し	30
pt.2	センターねじりピン	32
pt.3	くるりんピン	34
pt.4	くしゃっと無造作バング	36
pt.5	ふわふわロープ編み	38
pt.6	三つ編みポンパドール	40
pt.7	ピンどめシースルーバング	42
pt.8	センターくるりんぱ	44
pt.9	デコ出しフィッシュボーン	46

APPLY HAIR ARRANGE LESSON
～基本アレンジを活用　応用ヘアアレンジ～

pt.1	くるりんぱ活用 pt.1	50
pt.2	くるりんぱ活用 pt.2	52
pt.3	三つ編み活用 pt.1	54
pt.4	三つ編み活用 pt.2	56
pt.5	フィッシュボーン活用 pt.1	58
pt.6	フィッシュボーン活用 pt.2	60
pt.7	ロープ編み活用 pt.1	62
pt.8	ロープ編み活用 pt.2	64
pt.9	編み込み活用 pt.1	66
pt.10	編み込み活用 pt.2	68
pt.11	ゆるポニー活用 pt.1	70
pt.12	ゆるポニー活用 pt.2	72

SITUATION HAIR ARRANGE LESSON
～ほめられる！シチュエーション別ヘアアレンジ～

pt.1	折り返しシニヨン	76
pt.2	折り返しシニヨンサイドフィッシュ	78
pt.3	ギブソンタック	80
pt.4	ギブソンタックカチューム	82
pt.5	HUN（HALF BUN）	84
pt.6	メッシーバン	86
pt.7	ノットヘア	88
pt.8	ノットヘアフィッシュ	90
pt.9	リボンアレンジ	92
ヘアアクセサリー		94
Q&A		95

まずはここから

BASIC TECHNIQUE LESSON

基本テクニック

雰囲気のあるニュアンス作りは基礎から！

どんなヘアアレンジをするにも基本が大事。
はじめに、あると便利なヘアアレンジグッズの紹介や、
アレンジの手順に出てくるパーツ用語の解説をしています。

次に、崩れにくいピンのとめかたやゴムのキレイなかくしかた、
周りと差がつく波巻きや上手なほぐしかたを掲載。

こなれたニュアンス感のあるヘアアレンジを作るために、
まずは、ここからレッスンをはじめていきましょう。

HAIR ARRANGE GOODS

ヘアアレンジグッズ

本書の中で使うヘアアレンジグッズや
あると便利なスタイリング剤をご紹介します。

アメピン
髪の毛をとめたり、アレンジに立体感を出すために必要なアイテム。目立たない黒のほか、金などのカラーバリエーションも。

シリコンゴム
太い毛束をひとまとめにしたり、毛先など細い毛束も結べる万能ゴム。目立たないから、スタイルの邪魔にならずに便利。

ダッカール
アレンジをスムーズかつキレイに仕上げるため、毛束を避けておくのに使うと便利なクリップ。

ストレートアイロン
髪の毛に動きを出すために使うアイテムで、本書では「ニュアンス波巻き」（P10〜11）などで使用。

テールコーム
毛束を分けたり、分け目をジグザグにするときなど、細かい部分をキレイに分けられる便利なコーム。

ヘアオイル
自然な束感とツヤ感が生まれるので、ヘアアレンジのニュアンスを出しやすくするアイテム。ベビーオイルで代用しても。

ヘアバター
三つ編みなど細かいアレンジをする際、あらかじめつけておくとまとめやすい。全体の毛を抑えたり、短い毛やはねる毛を抑えるのにも効果的。

トリートメントスプレー
スプレーと違ってガッチリ固まらないので、ゴワゴワ感なくスタイルを崩さずに整えられるスプレー。好きな匂いや質感に合わせて選べばOK。

PARTS TERM

パーツ用語

ヘアアレンジをする際に覚えておきたい
パーツ用語を解説します。

フェイスライン
両耳の前から額にかけて、髪の生え際をつないだライン。

顔まわり
両耳の前から顎にかけてのライン。

ハチ
頭の左右にあるいちばん出ている部分。

トップ
頭のいちばん上の部分とその周辺。

バック
トップの下かつ、耳の後ろにある髪全体。

もみあげ
耳の前にある髪の毛。

えり足
首の後ろ側にある髪の生え際。

サイド
正面から見て、頭の左右横の部分。

BASIC TECHNIQUE LESSON pt.1

ピンのとめかた

いろいろなアレンジに登場するピンどめ。
キレイにしっかりとまるコツを覚えましょう。

1 毛束を持ち、ピンをとめたい部分まで外側にねじる。

2 ピンをとめたいところで毛束を押さえ、ピンの短いほうで毛束の表面を少しすくう。

3 ピンの長いほうを地肌側にして、矢印の動きで毛束に沿わせる。

4 そのまま矢印の方向にピンの根元まで差し込む。

Fin

BASIC TECHNIQUE LESSON

pt.2

ゴムのかくしかた

毛束を結ぶゴムを目立たないように
上手にかくす方法をお教えします。

1 毛束をゴムで2〜3重に結び、人差し指を入れておく。

2 下側から別の毛束を少しすくいとる。

3 ゴムの上から2の毛束をくるくると巻きつける。

4 3の毛先を人差し指を入れておいたゴムの上から入れる。

5 巻きつけた毛束を軽くほぐしてゴムをキレイにかくす。

Fin

Memo　ゴムはキツめに結ぶのがポイント。ゆるいとはずれてしまう可能性も。

BASIC TECHNIQUE LESSON pt.3

ニュアンス波巻き

ヘアアレンジの前に波巻きをすると
ニュアンスのある雰囲気を作りやすいので
ぜひ、マスターすることをオススメします。

白Tシャツ ¥14,000/plainless（プレインピープル 丸の内）

How to Arrange

1 こめかみから上の毛をダッカールでとめて、下の毛束の根元をアイロンではさむ。

2 アイロンは力を入れずにやさしくはさんだまま、手首を内側に返す。強くはさむと波がパサパサに。

3 そのままゆっくり4〜5cm下まですべらせる。手を止めないように常に動かす。止めてしまうと波がカクカクに。

4 手首を外側に返す。

5 そのままゆっくり4〜5cm下まですべらせる。

6 **2〜5**を繰り返し、毛先をくるんとすべらせる。

7 **2〜6**を両サイド、バックにも繰り返していく。ダッカールをとり、トップも同様に繰り返していく。

Fin

Memo アイロンにはさむ毛束の量は2cmくらいの幅を目安に。髪の毛が細い人は幅を厚めに、髪が太くて硬い人は薄めにとってください。

BASIC TECHNIQUE LESSON

pt.4
ニュアンスほぐし
ポニーテール ver.

溝口流アレンジに欠かせないほぐし術。
ひとつにまとめるアレンジの際に活用を。

1 手ぐしでしっかりと髪の毛をととのえる。

2 ゴムや編み込んだ部分を押さえながら、指先で毛束をつまんで引き出す。

3 指先をこすり合わせて、先のほうが薄くなるようにほぐしていく。2〜3を真ん中から外側に向かって繰り返していく。

Fin

Memo　鏡を見ながら、中心が一番高く山なりになるよう、バランスを見てほぐしていくのがポイント。

NG 束を太くつかみすぎると、ふんわり感がなく、ボワッとしてしまいます。

BASIC TECHNIQUE LESSON

pt.5
ニュアンスほぐし
三つ編み ver.

三つ編み、フィッシュボーン、編み込みなど、
細かく編んだ部分のアレンジに使うほぐし術。

1 編み込んだ毛先を押さえながら、指先で毛束をつまんで引き出す。

2 片側を上から順に、指先をこすり合わせるように少しずつほぐしていく。

3 反対側も上から順に、指先をこすり合わせるように少しずつほぐしていく。

Fin

Memo リング状になるようほぐすと、よりエアリー感が出ます。

NG 下からほぐすと、上を引き出したときに下がグチャグチャになります。

覚えておきたい

BASIC HAIR ARRANGE LESSON

基本ヘアアレンジ

簡単なヘアアレンジこそコツが重要！

いろいろなヘアアレンジにトライする前にマスターしておきたい
基本的なヘアアレンジ6種のHow toをご紹介します。

すでに知っているというヘアアレンジもあるかもしれませんが、
溝口流にわかりやすく、雰囲気たっぷりに仕上がるように
手順を解説しているので、ひとつずつチャレンジしてみてください。

三つ編みやポニーテールだって、それだけでも十分。
定番のヘアアレンジでも、ちょっとしたコツさえつかめば、
可愛くてニュアンスのあるアレンジに仕上がります。

BASIC HAIR ARRANGE LESSON pt.1

くるりんぱ

簡単にできるのに、こなれ感のあるアレンジ。
よりキレイに仕上がるコツを覚えて、
"くるりんぱ上級者"に！

How to Arrange

1 毛束をゴムでひとつに結ぶ。

2 ゴムを少し下に引く。

3 ゴムの上を2つに分けて穴をあける。

4 3であけた穴の下から指を通して毛先を引き抜く。

Memo くるりんぱは上下に引っ張ると、横に膨らまずキレイな仕上がりに。

くるりんぱをマスターしたら
このページへGO!

▶ P44 センターくるりんぱ
▶ P50 くるりんぱ活用 pt.1
▶ P52 くるりんぱ活用 pt.2

5 毛束を下に引っ張る。

6 毛束を2つに分けて上下に引っ張る。

7 ゴムで結んだ部分を押さえながら、ほぐしていく。

Fin

シャツ ¥11,000/FIL DE FER（フィル デ フェールたまプラーザ店）

BASIC HAIR ARRANGE LESSON pt.2

三つ編み

定番の三つ編みもニュアンスほぐしで
人と差がつくアレンジに変身。
サイドに2つ、もしくはバックに1つでも。

How to Arrange

1 毛束を3つに分ける。

2 毛束の下側を持ち、**A** が上になるように **B** と交差する。

3 **C** が上になるように **A** と交差する。

4 2と同様に **B** が上になるように **C** と交差する。

> Memo　ヘアバターをつけてから編み込むとスムーズ。

三つ編みをマスターしたら
このページへGO!

▶ P40 三つ編みポンパドール
▶ P54 三つ編み活用 pt.1
▶ P56 三つ編み活用 pt.2
▶ P70 ゆるポニー活用 pt.1

5 3と同様にAが上になるようにBと交差する。

6 2〜5を繰り返して毛先をゴムで結ぶ。

7 ゴムで結んだ部分を押さえながら、ほぐしていく。

ポケットTシャツ ¥5,900／FIL DE FER（フィル デ フェールたまプラーザ店）、
スカーフ ¥7,900、デニムパンツ ¥4,900（レインボー下北沢店）

BASIC HAIR ARRANGE LESSON pt.3

フィッシュボーン

"魚の骨"を意味するヘアアレンジ。
きっちりと編み込んでいきながらも、
丁寧にほぐして空気感を出すのがポイント。

How to Arrange

1 毛束を2つに分ける。

2 右の毛束から外側の毛を4分の1とる。

3 左の毛束の内側に加える。

4 左の毛束から外側の毛を4分の1とる。

フィッシュボーンをマスターしたら
このページへGO!

▶ P46 デコ出しフィッシュボーン
▶ P58 フィッシュボーン活用 pt.1
▶ P60 フィッシュボーン活用 pt.2
▶ P72 ゆるポニー活用 pt.2
▶ P78 折り返しシニヨン
　　　サイドフィッシュ
▶ P90 ノットヘアフィッシュ

5 右の毛束の内側に加える。2〜5を好きなところまで繰り返す。

6 編み終わったらゴムで結ぶ。

7 ゴムで結んだ部分を押さえながら、ほぐしていく。

Fin

ノースリーブトップス ¥14,000 ／ RaPPELER（金万）

BASIC HAIR ARRANGE LESSON pt.4

ロープ編み

ねじりながら交差していくだけでできる
トライしやすい簡単ヘアアレンジ。
2束を後ろでまとめるだけで上品な印象に。

How to Arrange

 **1** サイドの毛束を2つに分ける。

 **2** AがBの上になるように、ねじりながら交差する。

 **3** BがAの上になるように、ねじりながら交差する。

 **4** 好きなところまで2〜3を繰り返す。

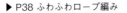

ロープ編みをマスターしたら
このページへGO！

▶ P38 ふわふわロープ編み
▶ P62 ロープ編み活用 pt.1
▶ P64 ロープ編み活用 pt2
▶ P86 メッシーバン

5 毛先を押さえながら、ほぐしていく。

6 編んだ毛先をダッカールでとめておく。

7 逆サイドも **1〜5** を繰り返し、ダッカールをはずして2つの毛束をゴムで結ぶ。

Fin

リネンニット¥18,000／plainless（プレインピープル 丸の内）、イヤークリップ¥5,800／YAGA（ヤガ）

BASIC HAIR ARRANGE LESSON pt.5

編み込み

定番の三つ編みをマスターしたら
その要領で覚えたいのが編み込み。
しっかりと編めるコツを覚えましょう。

How to Arrange

1 トップから3分の1の毛を
とり、三つ編みを1回する。

2 サイドの毛をAと合わせる
（**A⁺**とする）。

3 三つ編みの要領で**A⁺**が**B**
の上になるよう交差する。

4 2と同様に、サイドの毛を
Cと合わせる（**C⁺**とする）。

Memo 横に引っ張りながら編み込むと、しっかり編めます。

編み込みをマスターしたら
このページへGO!

▶ P66 編み込み活用 pt.1
▶ P68 編み込み活用 pt.2

5 三つ編みの要領で**C⁺**が上になるように**A⁺**と交差する。**2**と同様に、サイドの毛を**B**と合わせ（**B⁺**とする）、**2**〜**5**の要領で繰り返していく。

6 すくう毛束がなくなったら、三つ編みを繰り返す。

7 ゴムで結び、ほぐしていく。

Fin

シャツ¥12,800／NOMBRE IMPAIR（ノンブルアンペール 吉祥寺パルコ店）、
イヤリング¥5,500／YAGA（ヤガ）

BASIC HAIR ARRANGE LESSON pt.6

ゆるポニー

ただひとつにまとめるだけじゃない、ニュアンスたっぷりのポニーテール。後頭部のほぐしとゴムかくしが決め手。

How to Arrange

1 後頭部ではち上の髪の毛をゴムで結ぶ。

2 ゴムで結んだ部分を押さえながら、ほぐしていく。

3 1とえり足の髪をまとめてゴムで結ぶ。

4 ゴムで結んだ部分を押さえながら、下にたゆむようにほぐしていく。

ゆるポニーをマスターしたら
このページへGO!

▶ P70 ゆるポニー活用 pt.1
▶ P72 ゆるポニー活用 pt.2

27

5 サイドの毛束を少したゆむようにゴムに巻きつける。

6 ゴムで結ぶ。

7 逆サイドの毛束も 5〜6 を繰り返し、巻きつけた毛束を下にスライドしながらゴムをかくす。

Fin

ノースリーブトップス ¥8,000 ／ OZ.（オンス）

印象が変わる

BANG ARRANGE LESSON

前髪アレンジ

前髪を変えるだけで簡単イメージチェンジ！

全体のアレンジはもう少し上手になってからという人や、
忙しくて時間がないけれども、印象を変えたいというときに、
ぜひトライしてほしいのが前髪（バング）アレンジ。

まだ、いろいろなアレンジをするのが難しいという人でも、
鏡を見ながら進められるので、まず前髪アレンジからはじめてみても。

ドライヤーで流すだけ、髪をねじってピンでとめるだけ、
ちょっと編んでまとめるだけといったビギナーにもオススメの
簡単にできる前髪アレンジ9種を紹介しています。

BANG ARRANGE LESSON pt.1

サイド流し

ドライヤーとアイロンを使って
前髪を2段でキレイに横に流すテクニック。
覚えておくといろんなアレンジで活用できます。

How to Arrange

1 ドライヤーで前髪を流したい方向の反対にブローする。

2 前髪の表面の毛をダッカールでとめる。残った前髪の下から3分の2をとり、アイロンで流したい方向の反対にカールさせる。

3 温かいうちに前髪の毛先を指先でずらして横に流す。

4 残りの3分の1をまっすぐ下にすべらせる。

5 ダッカールをはずし、前髪の表面の毛をとり、**2**と同様に流したい方向の反対にカールさせる。

Fin

BANG ARRANGE LESSON pt.2

センターねじりピン

前髪をねじりあげてほぐすだけで完成。
ピンの本数やデザインは気分や好みに合わせて
いろいろなアレンジを楽しんでください。

How to Arrange

1 コームでセンターをジグザグにする。

Memo　ピンは金色のものや飾り付きのもので
とめるとかわいさ UP！

2　前髪をねじりあげる。

3　ねじった毛束を少しずつほ
ぐしていく。

4　ピンをランダムにとめる。

Fin

デニムジャケット ¥6,900（レインボー下北沢店）

BANG ARRANGE LESSON pt.3

くるりんピン

おでこにくるりんと巻いた毛束が可愛いアレンジ。
正面から見たときのインパクトも大。
ふんわり感を活かしてエアリーに仕上げて。

How to Arrange

1 ふわっと半円を描くように前髪をねじあげる。

Memo　ピンは何本かランダムにとめるのが
　　　　オススメ。

2 ねじあげた部分をおさえて
ピンでとめる。

3 残った毛先を渦巻き状に巻
いて、さらにピンでとめる。

4 指先で毛をほぐしていく。

Fin

カーディガン ¥14,000 ／ boussole（ススプレス）、ダメージデニム ¥16,800 ／ kelen（ケレン）

BANG ARRANGE LESSON pt.4

くしゃっと無造作バング

無造作風でカッコイイ重めの前髪アレンジ。
アイロンとスタイリング剤を使って
大人っぽい雰囲気を醸し出しています。

How to Arrange

1 前髪を上下に分け、上部を
ダッカールでとめる。

2 右から3分の1をアイロン
で内側にカールする。

3 真ん中をアイロンでまっす
ぐ内側にカールする。

Memo　アイロンはそれぞれ毛束の下2分の1程度にかける。

4　左から3分の1をアイロンで内側にカールする。

5　ダッカールをはずし、上部の前髪も内側にカールする。

6　スタイリング剤を軽く手にとり、くしゃっと揉み込むようにつける。

Fin

カットソー¥18,000、パンツ¥21,000／plainless（プレインピープル 丸の内）

BANG ARRANGE LESSON pt.5

ふわふわロープ編み

ゆるふわ感を出したロープ編みでフェミニンさを、サイドですっきりまとめて耳を出すことで、すっきりとした印象も与える前髪アレンジ。

How to Arrange

1 コームでトップからこめかみまでジグザグにする。

2 前髪を2つに分けて持つ。

3 ロープ編み（P22〜23参照）をする。

4 毛先を押さえながら、ほぐしていく。

5 耳の後ろで毛先をピンでとめる。

Fin

パンツ ¥11,000 ／ FIL DE FER（フィル デ フェールたまプラーザ店）

三つ編みポンパドール

おでこを出して頭の上にボリュームを持たせる
ポンパドールはキュートなアレンジの鉄板！
アクティブな気分やシチュエーションでぜひ。

How to Arrange

1 前髪をセンターでひとまとめにして持つ。

2 前髪を3つに分ける。

3 前髪を三つ編みにする。

BANG ARRANGE LESSON pt.6

Memo　ピンは1本でも大丈夫ですが、2本をクロスしてとめたり数本とめてアレンジを楽しんでも。

4　三つ編みをねじって少し前に出す。

5　三つ編みの毛先を押さえながら、指先で少しずつ前に向かってほぐしていく。

6　毛先をピンでとめる。

Fin

トップス ¥11,800／kelen（ケレン）、!ピアス ¥4,800/YAGA（ヤガ）

BANG ARRANGE LESSON pt.7

ピンどめ シースルーバング

絶妙な透け感のある前髪にピンどめで
フェミニンで可愛い雰囲気に。
甘さを出したいときにトライしたいアレンジ。

How to Arrange

1 前髪をドライヤーで流したい方向の反対にブローする。

2 前髪の半分を流したい方向の反対にアイロンをかける。

3 もう半分の前髪も流したい方向の反対にアイロンをかける。

4 内側の毛を薄く残してサイドに持っていく。

5 ピンでランダムにとめる。

Fin

シャツ ¥12,000 ／ NOMBRE IMPAIR（ノンブルアンペール 吉祥寺パルコ店）

BANG ARRANGE LESSON pt.8

センターくるりんぱ

前髪の左右をそれぞれくるりんぱ。
お手軽に両耳にかけるだけでも、
ひとまとめにしてスッキリさせても。

How to Arrange

1 コームでセンターをジグザグにする。

2 こめかみ上の前髪とサイドの毛をとり、ゴムで結ぶ。

3 くるりんぱ（P16〜17参照）をする。

| Memo | 後ろ髪はそのままでもOK！気分でひとまとめに結んでも。 |

4 毛先を2つに分け、左右にギュッと引く。

5 ゴムで結んだ部分を押さえながら、ほぐしていく。

6 逆サイドも**2〜5**を繰り返し、両耳にかける。後ろでひとまとめにしてゴムで結ぶ。

Fin

トップス ¥12,000 ／ FIL DE FER（フィル デ フェールたまプラーザ店）、オールインワン ¥7,500 ／ FREAK'S STORE（フリークス ストア渋谷）

BANG ARRANGE LESSON pt.9
デコ出しフィッシュボーン

おでこをスッキリ見せるスタイル。
フィッシュボーンがカチューシャに
見える上級者風アレンジ。

How to Arrange

1 サイドのおくれ毛は残して、前髪をこめかみあたりから斜めにとる。

47

2 前髪をフィッシュボーン（P20〜21参照）にする。

3 フィッシュボーンの毛先を押さえながら、細かくほぐしていく。

4 耳の後ろで毛先をピンでとめる。

Fin

シャツ ¥15,000／kha:ki（カーキ）、バングル ¥1,980／Ane Mone（サンポークリエイト）、パンツ ¥22,800／manon（エムケースクエア）

基本アレンジを活用

APPLY HAIR ARRANGE LESSON

応用ヘアアレンジ

基本のヘアアレンジを覚えたら次のステップへ！

難しそうなアレンジも基本のヘアアレンジを応用しているので、
順にマスターしていけば必ずできるようになります。

基本のヘアアレンジができるようになったら、
どんどん活用形にもチャレンジしてみましょう。
本章では、基本のヘアアレンジ6種から派生した
応用アレンジを2種ずつ、計12種を紹介しています。

まわりから「どうやっているの？」とうらやましがられるような
可愛くてニュアンスのあるヘアアレンジがいっぱい。
基本を応用するだけで、ひと手間かけた雰囲気に。

APPLY HAIR ARRANGE LESSON pt.1

くるりんぱ活用 pt.1

簡単にできるくるりんぱをダブルで。
2回上下に繰り返して結ぶだけで、
差がつくアレンジが完成。

How to Arrange

1 耳後ろまでのサイドの毛束をとる。

2 逆サイドの毛束もとり、両サイドの毛をひとまとめにしてゴムで結ぶ。

3 **2**をくるりんぱ（P16〜17参照）する。

4 毛先を2つに分けて上下に引っ張る。

5 えり足の両サイドの毛をとる。

6 少し余裕をもって**5**をゴムで結ぶ。

7 **6**をくるりんぱ（P16〜17参照）する。

8 毛先を2つに分けて上下に引っ張る。

9 ゴムで結んだ部分を押さえながら、ほぐしていく。

Fin

ブラウス ¥11,000 ／ FIL DE FER（フィル デ フェール たまプラーザ店）、パンツ ¥16,800 ／ NOMBRE IMPAIR（ノンブルアンペール 吉祥寺パルコ店）、レザージャケット ¥20,650 ／ FREAK'S STORE（フリークス ストア渋谷）、バングル ¥8,500 ／ STELLAR HOLLYWOOD（ステラ ハリウッド 青山店）

APPLY HAIR ARRANGE LESSON pt.2

くるりんぱ活用 pt.2

両サイドでくるりんぱを繰り返し、
後ろでまとめるスタイル。
好みのバレッタで個性を出して。

How to Arrange

1 サイドの毛束を耳上で分ける。

2 少し余裕をもってゴムで結ぶ。

3 えり足方向にむかってくるりんぱ（P16～17参照）をする。

4 後ろの毛を半分に分けて持ち、さらに2つに分ける。

5 3をはさむように上でゴムを結ぶ。

6 えり足方向にむかってくるりんぱ（P16～17参照）をする。

7 ゴムで結んだ部分を押さえながら、ほぐしていく。

8 逆サイドも1～7を繰り返す。

9 両サイドを後ろでまとめてバレッタでとめる。

Fin

APPLY
HAIR
ARRANGE
LESSON pt.3

三つ編み活用 pt.1

両サイドで三つ編みを作り、
ひとまとめにしたシンプルなアレンジ。
大人っぽくスッキリ見せたいときに。

How to Arrange

1 耳上までの両サイドとバックの3ブロックに分ける。

2 サイドを三つ編みにする。

3 毛先を押さえながら、ほぐしていく。

4 毛先をゴムで結ぶ。

5 逆サイドも **2〜4** を繰り返す。

6 後ろですべてをひとまとめにしてゴムで結ぶ。

7 毛束を少しとって、ゴムかくしをする。

8 ゴムで結んだ部分を押さえながら、ほぐしていく。

オールインワン ¥15,800／kelen（ケレン）

APPLY HAIR ARRANGE LESSON pt.4

三つ編み活用 pt.2

三つ編みとピンどめを活用し、
バックにボリューム感を持たせて
可愛らしく仕上げたアレンジ。

How to Arrange

1 耳後ろまでの両サイドとバックの3ブロックに分ける。

2 耳の高さでバックの毛束をとってゴムで結ぶ。

3 ゴムで結んだ毛束を両サイドにギュッと引っ張る。

4 ゴムで結んだ部分を押さえながら、上部をほぐしていく。

5 サイドを三つ編みにする。

6 毛先を押さえながら、ほぐしていく。

7 6の三つ編みを2の上からクロスさせてゴムの結び目の横でピンをとめる。

8 逆サイドも5〜6を繰り返す。

9 8の三つ編みを7と反対側までクロスさせてピンをとめる。

Fin

イヤリング ¥1,600／Ane Mone（サンポークリエイト）

APPLY HAIR ARRANGE LESSON pt.5

フィッシュボーン活用 pt.1

ロングヘア向けのニュアンスアレンジ。
長めのフィッシュボーンをゆるくほぐして
ルーズ感を出した大人っぽさが魅力。

How to Arrange

1 バックの毛束を2つに分ける。

2 片側の毛束をフィッシュボーン（P20～21参照）にしてゴムで結ぶ。

3 ゴムで結んだ部分を押さえながら、ほぐしていく。

4 もう片側も **2～3** を繰り返す。

5 2つのフィッシュボーンをねじり合わせてひとまとめにする。

6 **5**を2つのゴムよりさらに上でゴムを結ぶ。

7 2つのフィッシュボーンをとめていたそれぞれのゴムをとる。

8 毛先から毛束を少しとり、ゴムかくしをする。

ブラウス ¥29,000 ／ ace&jig（フリークス ストア渋谷）

APPLY HAIR ARRANGE LESSON pt.6

フィッシュボーン活用 pt.2

3つのフィッシュボーンを作り、
くるくるとまとめてスタイリッシュに
仕上げた"女優風アレンジ"。

How to Arrange

1 耳後ろまでの両サイドとバックの3ブロックに分ける。

2 バックの毛束をフィッシュボーン（P20〜21参照）にし、毛先をゴムで結ぶ。

3 ゴムで結んだ部分を押さえながら、ほぐしていく。

4 両サイドも**2〜3**と同じようにフィッシュボーンにしてほぐす。

Memo　髪が長い人は耳後ろでピンをとめた後、折り返してさらにピンでとめるのがオススメ。

5 バックのフィッシュボーンを内側に巻き込み、ピンでとめる。

6 サイドのフィッシュボーンを後ろに回して、耳後ろあたりでピンをとめる。

7 逆サイドのフィッシュボーンも後ろに回してピンでとめる。

Fin

スウェット ¥7,300／FREAK'S STORE（フリークス ストア渋谷）、
イヤリング ¥4,500／YAGA（ヤガ）

APPLY
HAIR
ARRANGE
LESSON pt.7

ロープ編み活用 pt.1

ロープ編みならではのゆるふわっとした
印象を受ける女性らしいアレンジ。
毛束を片方に寄せてニュアンスを出して。

How to Arrange

1 耳の後ろまでの両サイドの毛をとる。

2 両サイドを残し、バックの毛束を左下に寄せてゴムで結ぶ。

3 ゴムで結んだ部分を押さえながら、ほぐしていく。

4 サイドの毛を2つに分ける。

5 交互にねじってロープ編み（P22〜23参照）をする。

6 毛先を押さえながら、ほぐしていく。

7 ロープ編みをゴムの部分に巻きつけてピンでとめる。

8 逆サイドも**4〜7**を繰り返す。

Fin

ローブ ¥16,500／kha:ki（カーキ）、下に着たロングカットソー ¥15,000／sou-mu（ソウム）、イヤリング ¥4,800／YAGA（ヤガ）

APPLY HAIR ARRANGE LESSON pt.8

ロープ編み活用 pt.2

簡単にできるロープ編みを繰り返して後ろでまとめるとクラシカルな雰囲気に。おくれ毛や前髪アレンジでニュアンスUP！

How to Arrange

1 ロープ編み活用pt.1（P63参照）の後、毛束を2つに分ける。

2 1をさらに2つに分ける。

3 片方を交互にねじってロープ編み（P22〜23参照）をする。

4 毛先を押さえながら、ほぐしていく。

Memo　前髪もピンでとめるとクラシカルな雰囲気に。

5 4の毛先を右耳の後ろでピンをとめる。

6 残った毛束も3〜4同様にロープ編みをしてほぐす。

7 6の毛先を右耳の後ろでピンをとめる。

イヤリング ¥2,100／Ane Mone（サンポークリエイト）

APPLY HAIR ARRANGE LESSON pt.9

How to Arrange

1 後頭部から編み込み（P24〜25参照）をしていく。

2 毛先まで1本の編み込みをする。

3 毛先を押さえながら、ほぐしていく。

編み込み活用 pt.1

1本の編み込みをほぐして
くるくると後ろで丸め込むだけ。
手軽にできるまとめ髪アレンジ。

4 毛先をゴムで結ぶ。

5 毛先を折たたむように、くるくると丸める。

6 丸めた部分をピンでとめる。

Fin

シャツ ¥10,800／manon（エムケースクエア）

APPLY HAIR ARRANGE LESSON pt.10

編み込み活用 pt.2

3本の編み込みをほぐして
それぞれを後ろで丸め込むスタイル。
編み込み活用 pt.1 より華やかな仕上がりに。

How to Arrange

1 両サイドとバックを均等になるよう、3ブロックに分ける。

2 バックの毛束を編み込んでいく（P24〜25参照）。

3 毛先を押さえながら、ほぐしていく。

4 毛先をゴムで結ぶ。

5 サイドの髪も編み込み、毛先を押さえながらほぐしてゴムで結ぶ。

6 逆サイドの髪も 5 と同様にする。

7 バックの毛束を折たたむように、外巻きにくるくると丸めてピンでとめる。

8 サイドの髪を 7 と同様にくるくると丸めてピンでとめる。

9 逆サイドの髪もくるくると丸めてピンでとめる。

Fin

APPLY HAIR ARRANGE LESSON pt.11

ゆるポニー活用 pt.1

基礎のヘアアレンジに登場した
ゆるポニーと三つ編みを組み合わせて
お団子のようにまとめたスタイル。

How to Arrange

1 ゆるポニー（P26〜27参照）をして、毛束を3つに分ける。

> **Memo** 三つ編みは根元からしっかりキツめに編むと、よりキレイに動きが出ます。

2 毛束を三つ編み（P18〜19参照）にする。

3 毛先を押さえながら、ほぐしていく。

4 毛束をゴムの部分に巻きつけながら、ピンを矢印の向きで4カ所ほどとめる。

ネックレス ¥1,900／Ane Mone（サンポークリエイト）

APPLY HAIR ARRANGE LESSON pt.12

ゆるポニー活用 pt.2

基礎のヘアアレンジに登場した
ゆるポニーとフィッシュボーンを組み合わせて
ひとまとめにしたニュアンススタイル。

How to Arrange

1 ゆるポニー（P26 参照）の**1〜4**までをする。

2 サイドをフィッシュボーン（P20〜21 参照）にする。

3 フィッシュボーンの毛先を押さえながら、ほぐしていく。

4　フィッシュボーンをゴムの部分に巻きつける。

5　4の毛先とゆるポニーを一緒にゴムで結び、逆サイドも 2〜5 を繰り返す。巻きつけた毛を下にスライドしてゴムかくしをする。

シャツ¥6,800、スカーチョ¥7,840／ともに FREAK'S STORE（フリークス ストア渋谷）

ほめられる！

SITUATION HAIR ARRANGE LESSON

シチュエーション別
ヘアアレンジ

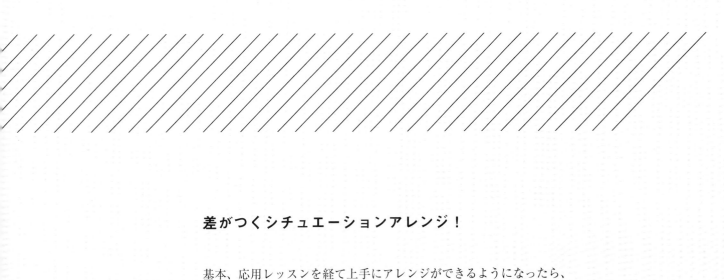

差がつくシチュエーションアレンジ！

基本、応用レッスンを経て上手にアレンジができるようになったら、
もっと個性的なアレンジにもトライしてみましょう。

結婚式、パーティ、女子会、浴衣、仕事など、
日々の生活の中でのいろいろなシチュエーションに合わせた
"一目置かれるヘアアレンジ"9種を提案します。

きっと、まわりの視線を釘付けにすることでしょう。
ぜひ、シーンに合わせたヘアアレンジを楽しんでみてください。

SITUATION HAIR ARRANGE LESSON pt.1

折り返しシニヨン

休日のお散歩や屋外デート向けの
気張りすぎないラフ感のあるスタイル。
毛束を折り返して作る手軽さも魅力。

How to Arrange

1 右耳後ろからえり足3分の2を残して毛束をとる。

2 1をバックの左下で折り返してゴムで結ぶ。

3 ゴムで結んだ部分を押さえながら、ほぐしていく。

4 残りの毛束をとり、右上にねじりあげる。

5　毛先を押さえながら、ほぐしていく。

6　5をゴムの部分にくるくると巻きつける。

7　毛先をピンでとめる。

Tシャツワンピース ¥12,000 ／ kah:ki（カーキ）

SITUATION HAIR ARRANGE LESSON pt.2

折り返しシニヨン サイドフィッシュ

浴衣や着物に合わせてほしい
やわらかい雰囲気のまとめ髪アレンジ。
かんざしやコームをさして気分を盛り上げて。

How to Arrange

1 耳後ろまでの両サイド、バックの3つに分ける。

2 バックの毛を真ん中で折り返してゴムで結ぶ。

3 ゴムで結んだ部分を押さえながら、ほぐしていく。

4 2で折り返した毛先をゴムの部分に巻きつける。

5 巻きつけた部分をピンでとめる。

6 サイドをフィッシュボーン（P20〜21参照）にする。

7 ゴムで結んだ部分を押さえながら、ほぐしていく。

8 7を5の部分に巻きつける。

9 毛先をピンでとめる。

10 逆サイドも6〜8を繰り返す。

11 毛先をピンでとめる。

Fin

花のコーム 各¥1500／Ane Mone（サンポークリエイト）

SITUATION HAIR ARRANGE LESSON pt.3

ギブソンタック

オフィスワークやキリッとしたいときに
オススメのスタイリッシュアレンジ。
"仕事がデキる女風"の印象に。

How to Arrange

1 サイドを軽くねじりながら後ろで押さえる。

2 逆サイドも軽くねじりながら1と一緒にまとめてゴムで結ぶ。

3 ゴムの結び目の上に指を入れて穴をあける。

4 毛束の先から3であけた穴に入れ込む。

| Memo | 毛先をうまく入れ込めないときは、毛先をゴムで結ぶとまとめて入れやすいです。 |

81

5 4で入れ込んだあと、ゴムで結んだ部分を上にぐいっと持ち上げる。

6 両サイドの下側から毛をすくって、上から矢印のようにピンを差し込む。

7 アレンジ部分を押さえながら、ほぐしていく。

Fin

シャツ ¥22,000／RaPPELER（金万）、コート ¥46,000、パンツ ¥21,000／HARRISS GRACE（ハリス グレース神戸店）

SITUATION HAIR ARRANGE LESSON pt.4

ギブソンタックカチューム

結婚式や二次会にぴったりの
カチュームを使った華やかなスタイル。
意外と簡単なのでぜひトライを。

How to Arrange

1 おでこより少し上にカチュームをつける。
2 片側の前髪をとる。
3 2をカチュームの上から入れ込む。
4 サイドの毛を2～3と同様にカチュームの上から入れ込む。

5 えり足まで繰り返す。
6 逆サイドも2～6を繰り返す。
7 最後の毛束を折たたむように、くるくると丸めて入れ込む。
8 アレンジ部分をほぐしていく。

9 耳後ろあたりでピンをとめる。

Fin

レースブラウス ¥9,250／FREAK'S STORE（フリークス ストア渋谷）、パールネックレス ¥9,000、タッセル付きパールネックレス ¥8,000／Harriss（ハリス銀座マロニエゲート店）

Memo カチューシャがズレる場合は、耳後ろでピンをとめておくとアレンジしやすくなります。また、アレンジは要所をピンでとめるとより固定されます。

SITUATION HAIR ARRANGE LESSON pt.5

HUN (HALF BUN)

図書館や美術館へ行くときなど、メガネをかけてちょっと知的な印象にしたいときは小さなお団子アレンジを。

How to Arrange

1 こめかみあたりからはち上の毛をギザギザに分けとる。

2 折り返してゴムで結ぶ。

3 おだんごの毛を少しずつ上につまみあげながらほぐしていく。

4 おだんごの下の毛をとってねじる。

85

5 毛先を押さえながら、ほぐしていく。

6 毛束をゴムの部分に巻きつける。

7 毛先をピンでとめる。

Fin

スウェット ¥7,900（レインボー下北沢店）、FIL DE FER（フィル デ フェールたまプラーザ店）、コンチョ付きヘアゴム ¥1,900/STELLAR HOLLYWOOD（ステラ ハリウッド 青山店）

SITUATION HAIR ARRANGE LESSON pt.6

メッシーバン

カジュアルに決めたいときのアクセントに。
ボリューム感のあるお団子とターバンの
ミックスがキュートなアレンジ。

How to Arrange

1 はち上の毛をゴムで結ぶ。

2 左右にギュッと引っ張る。

3 残りの髪をすべてまとめあげ、1と一緒にゴムで結ぶ。

4 ゴムで結んだ部分を押さえながら、上部の毛をほぐしていく。

Memo ターバンとの相性もぴったりのヘアアレンジ。

5 ロープ編み（P22〜23参照）をしてほぐす。

6 ゴムの部分にねじりながら巻きつけて、さらにほぐす。

7 毛先をピンでとめる。

Fin

ショップコート ¥10,900（レインボー下北沢店）、Tシャツ ¥4,900／rapiecage（ナンバー代官山店）

ノットヘア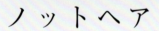

立食パーティなどお呼ばれの席に。
毛束同士を結んでゴムでとめるだけ。
バックカチュームで上品な印象に。

How to Arrange

1　バックの毛束を2つに分ける。

2　2つの毛束を交差する。

3　片方の毛先を交差した間に入れて、ひとつ結びにする。

4　毛束を左右にギュッと引っ張る。

SITUATION HAIR ARRANGE LESSON pt.7

5 毛束を左下にまとめて持つ。

6 毛束をゴムで結ぶ。

7 ゴムで結んだ部分を押さえながら、ほぐしていく。

ワンピース¥36,000／Romei（ロメイ）、バックカチューシャ¥1,800／Ane Mone（サンポークリエイト）

SITUATION HAIR ARRANGE LESSON pt.8

ノットヘアフィッシュ

彼との豪華なディナーを楽しみたいときに。
フィッシュボーン同士を結んでゴムでとめるだけ。
カチューム使いで格上げスタイルが完成。

How to Arrange

1 後頭部で髪を指でジグザグにして2つに分ける。

2 サイドをフィッシュボーン（P20〜21参照）にする。

3 毛先を押さえながら、ほぐしていく。

4 毛先をゴムで結ぶ。

5 逆サイドも2〜5を繰り返す。

6 5でできた2つのフィッシュボーンを固結びする。

7 6で結んだ下の部分をゴムでとめる。

8 毛先のゴム2本をとる。

Fin

Memo フィッシュボーンは三つ編みにしても。アレンジは右寄せ、左寄せ、センターのどの位置でもOK。

ワンピース ¥5,900（レインボー下北沢店）、ビジューリボンカチューム ¥3,500、ネックレス ¥2,900、イヤリング ¥2,800、ブレスレットにしたパールネックレス ¥3,800、リング ¥1,600／以上 Ane Mone（サンポークリエイト）

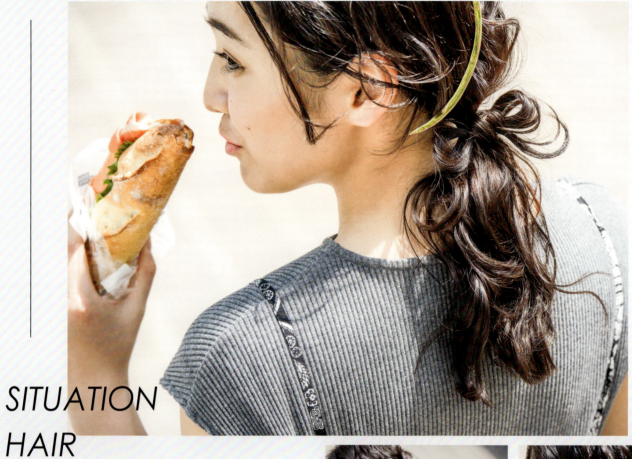

SITUATION HAIR ARRANGE LESSON pt.9

リボンアレンジ

女子会や友人とのホームパーティで
ぜひトライしてほしいアレンジ。
見つけたときにハッとする可愛さが魅力。

How to Arrange

1 髪をひとつにまとめる。

2 ゴムを何度か通して最後の1周を手に持ったままの状態にする。

3 ゴムで結んだ部分を押さえながら、ほぐしていく。

4 毛束を少しとる。

5 ゴムの中に毛先を入れて輪を作り、毛先にアメピンをさしておく。

6 別の毛束を少しとり、先に作った輪に毛束の真ん中から入れ、毛先を少し残す。

7 さらに別の毛束を少しとり、6と逆サイドから輪に毛束の真ん中から入れ、毛先を少し残す。

8 アメピンのついた毛束を引っ張りながら、アメピンをとり、リボンの形に整える。

Fin

Tシャツつきキャミソール ¥6,800／FREAK'S STORE（フリークス ストア渋谷）

HAIR ACCESSORIES

ヘアアクセサリー

本書に出てきたヘアアクセサリーをご紹介。
アレンジの幅が広がるので気分やシーンに合わせて
ぜひ、いろいろと試してみてください。

バレッタ
髪の毛をまとめたとき、サイドやバックにつけるとアクセントに。髪の毛をまとめてとめることもできて便利なアイテム。デザインや素材も豊富で、用途に合わせてチャレンジできるのが嬉しい。

コーム
好きな部分にサクッとさすだけでオシャレに決まる優れもの。デザイン次第で普段使いからパーティヘアまで幅広く活用できます。小さいものなら複数づかい（P78）もオススメです。

カチューム
ギブソンタックカチューム（P82〜83）やノットヘアフィッシュ（P90〜91）で使用したドレッシーヘアアレンジの定番アイテム。ゴムタイプ、後ろでひもを結ぶタイプがあります。

バックカチューシャ
後頭部につけるカチューシャで、シンプルながらもエレガントで上品な雰囲気に仕上がります。

ターバン
カジュアルな気分の日のアレンジにぴったり。前髪をすっきりとあげてとめることもできて便利。

コンチョ付きゴム
お団子やポニーテールなど、髪の毛をひとつにまとめるときのワンポイントになるアイテム。

Q & A

ヘアアレンジ上手になるためのコツを
Q＆A形式でお教えします。
知っておくと差がつく豆知識！

Q うまく編み込めないのですが…

A まずはサイドから挑戦してみましょう。サイドができたら徐々に後ろにもトライを。また、鏡を見すぎていると手が逆に動いてしまうので、どのあたりに作るかを確認した後は、手の感覚で進めるようにしてみてください。

Q ゆるふわにならないのですが…

A まずは、きっちりアレンジを作ること。その上で、髪の毛を引き出したり、ほぐしていくことに慣れて、ゆるふわに見える分量感やほぐし方をつかんでいってください。思ったより、多めに引き出しても可愛いですよ。

**Q せっかく作ったヘアアレンジが
すぐに崩れてしまいます。
長持ちさせるヒケツは？**

A ニュアンスのあるヘアアレンジを再現するには、ゆるく仕上げるのがいいのでは？と思いがちですが、ベースとなるゴムの結び目や髪の編み目をギュッとキツめに仕上げていくのがポイントです。心配ならピンを多めに。

**Q ニュアンスヘアを叶えるために
後れ毛を活かしたいのですが、
コツはありますか？**

A もみあげやえり足は後れ毛を活かすのに最適な場所。どれくらいの量を残せばいいかというと、指先でつまめるくらいの、ちょっと少ないかなと思うくらいがオススメ。多いと野暮ったい印象に見えてしまう可能性も。

**Q ヘアカラーをするときに
ヘアアレンジを活かすための
オススメの方法はありますか？**

A ヘアカラーをするなら、ぜひハイライトに挑戦してみてください。ハイライトを入れると、髪の毛の流れに自然と躍動感が生まれ、おしゃれで動きのあるスタイルが叶います。

**Q セットしたヘアアレンジを
スムーズに洗い流すには
どうしたらいいですか？**

A スプレーなどで固めたヘアアレンジを、まずシャンプーで落とそうとすると、シリコンがなかなか取れずにゴワゴワしてしまいます。リンスを先にすることでスプレーの固さがさらっと取れるので、ぜひ試してみてください。その後にシャンプー、再びリンスを。

KAZUYA MIZOGUCHI PROFILE

溝口 和也（みぞぐちかずや）
「高田馬場 Hair Atelier nico...」「藤沢 Hair rabo nico...」2店舗の代表取締役。Instagramに一般向けのわかりやすいヘアアレンジをアップし、たちまちフォロワー数87.7kを集めた人気ヘアスタイリスト。美容情報メディア「AUTHORs Beauty」や女子向け情報サイト「LAURIER」でライターとして記事を執筆したり、各種メディアのヘアアレンジ企画に登場。国内外でヘアアレンジ、カラーリングの講師を務めるなど幅広く活動中。

Instagram：@mizomizo0711

問い合わせ先一覧　※50音順

エムケースクエア	06-6534-1177
オンス	06-4390-7008
カーキ	06-4390-7008
金万	03-5477-8011
ケレン	06-4390-7008
サンポークリエイト	082-243-4070
ススプレス	03-5772-5454
ステラハリウッド 青山店	03-6805-0390
ソウム	03-5809-7889
ナンバー代官山店	03-6277-5807
ノンブルアンペール吉祥寺パルコ店	0422-21-6223
ハリス銀座マロニエゲート店	03-5524-7705
ハリス グレース神戸店	078-391-7780
フリークス ストア渋谷	03-6415-7728
フィル デ フェールたまプラーザ店	045-904-3890
ブレインピープル丸の内	03-5218-2218
ヤガ	06-6643-9924
ランブルレッド	03-6794-3470
レインボー下北沢店	03-6804-9504
ロメイ	03-6434-7643

掲載している洋服は2016年5月現在のものです。
時期により商品や価格の変更がございますのでご了承ください。

基礎からはじめてアレンジ上手になる！
Hair Arrange Lesson Book
2016年7月5日　第1刷

著者　溝口和也
アートディレクション＆デザイン　山本知香子
デザイン　小林幸乃、宮下可奈子、おのみさ（山本デザイン）
写真　網中健太
スタイリング　樽山リナ
モデル　髙橋絵美、藤井アルダ、斎藤夏美
メイク　栁沼真菜美

発行人　井上 肇
編集　熊谷由香理
発行所　株式会社パルコ　エンタテインメント事業部
　　　〒150-0042　東京都渋谷区宇田川町15-1
　　　電話　03-3477-5755
印刷・製本　大日本印刷株式会社

Printed in Japan
無断転載禁止

©2016 KAZUYA MIZOGUCHI
©2016 PARCO CO.,LTD.
ISBN978-4-80506-181-9 C2077

落丁本・乱丁本は購入書店を明記のうえ、小社編集部あてにお送り下さい。
送料小社負担にてお取り替えいたします。
〒150-0045　東京都渋谷区神泉町8-16　渋谷ファーストプレイス　パルコ出版　編集部